BEI GRIN MACHT SICH IHR WISSEN BEZAHLT

Romina Hermes

Widersprüche und Gemeinsamkeiten der Praktischen, Historischen, Systematischen und Biblischen Theologie

GRIN Verlag

Bibliografische Information der Deutschen Nationalbibliothek:

Die Deutsche Bibliothek verzeichnet diese Publikation in der Deutschen National-
bibliografie; detaillierte bibliografische Daten sind im Internet über http://dnb.d-
nb.de/ abrufbar.

Impressum:

Copyright © 2014 GRIN Verlag GmbH
Druck und Bindung: Books on Demand GmbH, Norderstedt Germany
ISBN: 978-3-656-67413-9

Dieses Buch bei GRIN:

http://www.grin.com/de/e-book/274425/widersprueche-und-gemeinsamkeiten-der-
praktischen-historischen-systematischen

GRIN - Your knowledge has value

Der GRIN Verlag publiziert seit 1998 wissenschaftliche Arbeiten von Studenten, Hochschullehrern und anderen Akademikern als eBook und gedrucktes Buch. Die Verlagswebsite www.grin.com ist die ideale Plattform zur Veröffentlichung von Hausarbeiten, Abschlussarbeiten, wissenschaftlichen Aufsätzen, Dissertationen und Fachbüchern.

Besuchen Sie uns im Internet:

http://www.grin.com/

http://www.facebook.com/grincom

http://www.twitter.com/grin_com

RWTH Aachen

Institut für Katholische Theologie

Einführung in die Theologie aus der Perspektive der

Systematischen und Praktischen Theologie

WS 13/14

Widersprüche und Gemeinsamkeiten der Praktischen, Historischen, Systematischen und Biblischen Theologie

Romina Hermesmeyer

09.01.14

Um die christliche Lehre in ihrem vollen Ausmaße erfassen und verstehen zu können, kristallisierten sich im Laufe der Jahrhunderte immer deutlicher verschiedene theologische Kategorien heraus, durch die man den Antworten auf die Fragen *Warum* oder *Ob* man glaubt nahe zu kommen versucht. Diese Kategorien voneinander abzugrenzen gestaltet sich jedoch schwerer als zunächst angenommen. Viel mehr kann man sich hier die Unterschiede und Gemeinsamkeiten der Praktischen, Historischen, Systematischen und Biblischen Theologie vor Augen führen und somit ihre Relevanz in dem Kreis der Kategorien finden. Denn die einzelnen Kategorien stehen in keinem Fall nur für sich. Sie stehen in ständiger Korrelation zueinander und vermögen sich zu ergänzen aber auch zu widersprechen. Es gilt diese Widersprüche und Ergänzungen in diesem Essay herauszuarbeiten. Hierzu werde ich im Folgenden zunächst die Merkmale der einzelnen Teilbereiche skizzieren, ihre Verbindung zueinander untersuchen und folglich zu einem abschließenden Urteil über ihre Wichtigkeit und ihren Nutzen in der Theologie kommen.

Die erste Kategorie, die ich behandeln möchte, ist die der Biblischen Theologie, die sich auch primär herausgebildet hat. Bereits im zweiten Jahrhundert entwickelte sich diese Art die christliche Lehre auszulegen. Ihr Ziel war und ist es- zum Zwecke der Abgrenzung vom Judentum- das Alte und das Neue Testament in seiner Ganzheit wahrzunehmen und die Bezüge der kanonischen Teile untereinander herzustellen[1].

Außerdem haben die biblischen Theologen es sich zur Aufgabe gemacht das „Werden und Wesen [des] literarischen Erbe[s] eines Volkes"[2] zu verstehen, um Gebete in den damalig angemessenen Formulierungen kreieren zu können[3].

Dem gegenüber steht- wie man in meinem späteren Vergleich noch sehen wird- die Systematische Theologie, die sich- vor allem durch Anselm von Canterburry- im 11. und 12. Jahrhundert herausbildete. Sie nimmt den Standpunkt der Philosophie ein und stellt die Frage nach dem *Ob.* Sie sucht damit die Antwort darauf, ob die Ereignisse der Bibel wirklich wahr sind und stellt sich somit auf die Seite der Kritiker um sie mit handfesten Belegen überzeugen zu können.

Danach hat sich als dritte Kategorie die Historische Theologie, also die Theologie der Kirchengeschichte entwickelt. Sie wird bis heute eher als Hilfswissenschaft angesehen, da sie auf keine eigenständige Frage zu antworten sucht[4].

---

[1] Chr. Kaiser. Einführung in das Studium der Evangelischen Theologie. 1964: S. 55
[2] Kaiser, 1964: S. 57
[3] vgl.: Henning Schröer (Hrsg.). Einführung in das Studium der Evangelischen Theologie. Gütersloher Verlagshaus Gerd Mohn, 1982 : S. 89
[4] vgl.: Schröer, 1982: S. 122

Sie betrachtet ein mögliches Verhältnis zu anderen geschichtlichen Ereignissen und setzt die biblischen Gegebenheiten in Bezug zu ihrer Entstehungszeit und ihrem Entstehungsort[5].

Als letzte Instanz vervollständigt die Praktische Theologie den Kreis der Kategorien. Als jüngstes Teilgebiet beschäftigt sie die Frage nach dem *Wie*: Wie soll man beten? Wie soll man seinen Glauben ausleben bzw. ins tägliche Leben einbauen? Wie soll eine Messe gehalten werden? Kurz kann man sagen, dass sie sich, entgegen ihrer Bezeichnung, nicht mit der Praxis im eigentlichen Sinne, sondern mit der Theorie der Praxis beschäftigt und somit die Maßstäbe und Grundsätze christlichen Verhaltens legt.

Kommen wir vor dem Hintergrund nun zu dem Kernstück meiner Auseinandersetzung mit dem Thema.

Die wohl am meisten ineinandergreifenden Teilgebiete der Theologie sind die Biblische und Praktische. Die biblische Exegese, also Auslegung der Bibel, kann nämlich unmöglich ohne das Wissen um den geschichtlichen Hintergrund der Exegeten oder Verfasser der Bibelstellen erfolgen. Die Bibelinterpretation ist nur realisierbar durch eine Kontextualisierung der Schriften mit einem Verständnis der geschichtlich-sozialen Situation[6]. Weitergehend machen alleine die zahlreichen Widersprüche, die sich in der Bibel durch die Datierungen ergeben eine historische Kritik nötig. Jedoch ist hier bereits ein großer Unterschied zwischen den zwei Kategorien zu erkennen: Während die Historische Theologie einen wissenschaftlichen Wahrheitsanspruch stellt, das heißt ein möglichst zuverlässiges Geschichtsbild schaffen möchte[7], ist das Ziel der Biblischen Theologie die Heilige Schrift als Zeugnis der Treue Gottes zu erfassen[8]. Ob die Historische Theologie ihrem Anspruch standhält sei zunächst dahingestellt, denn dadurch, dass die Bibel als Quelle genutzt wird, gibt es an manchen Stellen kein allgemeinhistorisches Vergleichsmaterial[9] und somit weder eine Widerlegung noch eine Bestätigung für die Richtigkeit.

Auf Grund dessen ist es umstritten die Historische Theologie als eigenständiges Teilgebiet der Theologie zu bezeichnen. Keinen Zweifel gibt es jedoch daran, dass sie eine wichtige Hilfe für die anderen Kategorien bildet. Somit nicht nur für die bereits erwähnte Biblische, sondern auch für die Systematische Theologie. Die Historische Theologie nämlich ermöglicht, dass die Systematische Theologie, die eher entfernt von der Bibel arbeitet, ein historisch, reflektiertes Bewusstsein beibehält[10].

---

[5] vgl.: Schröer, 1982: S.105
[6] vgl.: Schröer, 1982: S. 101
[7] vgl.: Schröer, 1982: S. 114
[8] vgl.: Kaiser, 1964: S. 77
[9] vgl.: Schröer, 1982: S. 106
[10] vgl.: Schröer, 1982: S. 114

Als Kategorie ist die Systematik bemüht um eine Verbindung der Theologie mit der Philosophie und hat erkannt, dass der Glaube individuell ist. Vor diesem Hintergrund versucht sie ein allgemein gültiges Konzept, ein System, für den christlichen Glauben zu schaffen, der auch für Ungläubige überzeugend sein kann. Somit geht sie über den Glauben und die Theologie des Einzelnen hinaus.

Auch die Praktische Theologie steht in engem Zusammenhang mit der Systematischen. So beschäftigen sich beide mit den Bekenntnissen, die für die Gemeinde formuliert werden. Des Weiteren spielen die Tatzeugnisse sowohl im Leben eines Gläubigen, als auch in der Untersuchung durch systematische Theologen eine tragende Rolle.

Zwischen der Systematik und der Biblischen Lehre kann man jedoch eher Widersprüche erkennen. Zum Beispiel versucht erstere fernab von den Bibeltexten Erklärungen für den christlichen Glauben zu finden und nutzt die ratio vom Standpunkt eines Ungläubigen her. Die Biblische Theologie hingegen arbeitet, wie ihr Name verrät, sehr nah an der Heiligen Schrift und versucht sie exegetisch, analytisch, interpretatorisch auszulegen. Sie beansprucht, entgegen der Systematik, die Wahrheit nicht für sich. Die Systematische Theologie beschäftigt sich also eher mit den sozialen Auswirkungen des Glaubens auf die Gesellschaft und ihrer Stellung in der Gesellschaft, während die Biblische so individuell ist, dass sie viel mehr auf der Mikroebene argumentiert. Durch diese gegebene Individualität der Exegesen, ergibt sich jedoch auch, dass die Erkenntnisse nicht so zuverlässig und als universal gültig gelten können, wie die wissenschaftlichen Erkenntnisse, die eine systematische Auseinandersetzung mit sich bringt.

Den letzten Vergleich, den es zu ziehen gilt, ist der zwischen Praktischer und Biblischer Theologie. Die Interpretation der Heiligen Schrift ermöglicht etwa die richtige Auslebung des Glaubens. So kann durch das Verständnis der Bibeltexte im Bereich der Praktischen Theologie beispielsweise in der Heiligen Messe ein in sich schlüssiger Gottesdienst geschaffen werden. Des Weiteren kann die Kirche in der Biblischen Auseinandersetzung festlegen was auf welche Art geglaubt werden soll und im Bereich der Praktischen diese Erkenntnisse an die Gemeinde weitergeben. Somit entsteht eine einheitliche Richtung für den gemeinsamen Glauben, der wiederum in der Systematischen Theologie begründet zu werden sucht.

Demzufolge ist schlussendlich festzustellen, dass keine der jeweiligen theologischen Teildisziplinen für sich stehen kann und sich entweder in gegenseitigen Widersprüchen oder Ergänzungen herausbildet und wichtig für das Verständnis der weitreichenden, komplexen Materie der Theologie ist. Außerdem könnte man sagen, dass für Ungläubige die Auseinandersetzung mit der Systematischen Theologie am sinnvollsten sein könnte, während für zweifelnde Christen die Historische, Praktische und Biblische hervortritt.